ADHÉSION

A

L'EMPIRE LIBÉRAL

PAR

THIBAULT LEFEBVRE

Ancien avocat à la Cour de Cassation et au Conseil d'État,
membre de la Société d'Économie politique.

———

PARIS

,E. DENTU, ÉDITEUR,
PALAIS-ROYAL, 17 ET 19
(Galerie d'Orléans).

GUILLAUMIN ET Cᵉ, LIBRAIRES,
ÉDITEURS DU *Journal des Économistes*,
Rue Richelieu, 14.

1870

IMPERIAL.
SEINE.
TIMBRE

ADHÉSION

A

L'EMPIRE LIBÉRAL

Mon pays, lassé d'un pouvoir trop concentré, veut reprendre l'administration de ses affaires.

Le peuple, éclairé par l'expérience, se montre digne de la liberté en réprouvant en même temps les excès de la rue et les conseils de la réaction.

Le souverain, comme un autre Henri IV, « n'appelle » plus les élus de la France pour les obliger d'ap- » prouver ses volontés... mais il les fait assembler » pour recevoir leurs conseils, pour les croire, pour » les suivre; en un mot pour se mettre en tutelle » entre *leurs* mains..... envie qui ne prend guère aux » rois, aux barbes grises et aux victorieux comme *lui*, » mais que lui rend facile et honorable l'amour qu'il » porte à ses sujets, l'extrême désir qu'il a de conser- » ver l'État »..... et, (faut-il ajouter pour être vrai et complet), la volonté très-avouable de fonder une dynastie durable.

La France entière, en un mot, revient au régime parlementaire, en formule les maximes et en exige les réalités.

En ces circonstances il sera peut-être permis à un homme qui a proclamé l'excellence de ce régime au milieu des tourmentes d'une révolution emportée, et pendant le triomphe d'un pouvoir enivré, de sortir de la retraite où il s'est renfermé volontairement dix-huit années, pour saluer le retour du gouvernement de son choix.

Il ne lui sera pas interdit d'élever la voix pour encourager la patrie à rentrer dans cette carrière, pour applaudir les élus de la nation de leur modération et de leur fermeté, enfin pour dire au souverain après Sully « que les véritables piédestaux des trônes sont la bonne foi, la clémence et le respect de la loi. » On lui accordera peut-être aussi le droit de rappeler aux partis que le service du pays n'admet ni la rancune ni la haine. Tous doivent l'intégralité de leurs forces et de leur bonne volonté à la patrie quand leurs principes sont acceptés par le pouvoir, et que le souverain ne demande à leur conscience ni palinodie ni capitulation.

On me pardonnera peut-être ce langage, quand j'aurai dit de mon passé ce qu'il est utile d'exposer pour éclaircir les faits dont j'ai à parler. N'est-il pas du devoir d'un honnête homme de se produire sans dissimulation, et les pièces en main..... les pièces dussent-elles déplaire, le moi fût-il haïssable?

I

J'étais jeune quand la révolution de 1848 éclata. C'était le temps heureux de la confiance. Je voyais tout avec les yeux de l'espérance. La liberté m'apparaissait souriante, et sa majesté me cachait la licence qui bientôt violait le 15 mai l'Assemblée constituante, déchirait la patrie le 25 juin, et après mille excès, la laissait sans force contre les entreprises de la violence. Avant ces tristes moments, pourtant, mon instinct libéral faisait des réserves contre les défaillances du pays. J'osais l'engager à éviter les extrêmes. Je l'invitais surtout à se défier des mauvaises passions qui cachaient leurs instincts néfastes sous le nom de communisme. Je le conviais à marcher au milieu de ce grand chemin politique où, à côté de la liberté, on trouve l'ordre et qui aboutit à la dignité et à la prospérité nationales.

J'entrai dans la mêlée électorale avec ces pensées et je les accentuai avec d'autant plus d'énergie que je tentai la fortune politique dans un département miné par le communisme et par l'arbitraire. J'adressai, en effet, le 28 mars 1848 aux électeurs du Loir-et-Cher la circulaire suivante :

CHERS CONCITOYENS,

Je me porte Candidat à l'Assemblée Nationale et je sollicite vos suffrages.

Rien ne m'attache au passé, rien ne me lie au présent. Je ne recevrai d'inspiration que du bien public et des intérêts de la Patrie.

Homme nouveau par l'âge et les idées, j'ai salué avec l'enthousiasme de la raison la Révolution de 1848, que j'ai vue éclater sous mes yeux, et dont j'ai aidé le succès, pacifique de mes efforts.

Tant que les Droits politiques ont été le patrimoine de quelques privilégiés, j'ai vécu à l'écart. Livré aux luttes de la presse opposante, aux soins du barreau, aux études sérieuses, j'ai publié des travaux qui m'ont préparé à participer utilement aux opérations de l'Assemblée Nationale.

Né, élevé au milieu de vous, je connais vos besoins et je saurai en réclamer la juste satisfaction.

Dans l'ordre matériel je demanderai surtout :

Pour l'Agriculture, des établissements de crédit qui délivrent le cultivateur du fléau de l'usure.

Pour les Finances, un nouveau système d'impôts qui opère de larges économies, frappe les capitalistes, décharge la propriété et les objets de première nécessité.

Pour le Travail, une organisation qui remédie aux maux de la concurrence, assure du pain au travailleur et une retraite à l'ouvrier invalide.

Dans l'ordre politique voici ma pensée :

A l'extérieur, pas de guerre offensive, mais propagande des idées.

A l'intérieur, convaincu que les Institutions républicaines sont les seules possibles, je travaillerai sans arrière-pensée et de tous mes efforts à leur développement sincère, mais tempéré.

Mon drapeau est celui du Républicanisme modéré.

J'y ai inscrit non-seulement la devise de notre jeune République : *Liberté, Égalité, Fraternité* ; mais encore les mots : *Ordre, Sûreté, Propriété.*

Ainsi je veux :

La Liberté pour toutes les personnes, tous les cultes, toutes les

industries, toutes les associations, tous les modes d'enseignement, toutes les manifestations de la pensée.

L'Egalité pour tous les citoyens, et pour tous la jouissance des
mêmes droits et l'accomplissement des mêmes devoirs.

La Fraternité entre tous les membres de la grande famille française, la suppression de toutes les distinctions et de toutes les
prérogatives.

L'Ordre partout, en tout et toujours.

La Sûreté pour toutes les personnes, pour tous les droits et pour
toutes les institutions compatibles avec le système républicain.

Enfin le respect le plus inviolable pour la *famille* et toutes les
Propriétés quelle qu'en soit l'origine ou la nature.

Pour me résumer, je me déclare l'ennemi franc et sans tran-
saction du despotisme, de l'anarchie, du communisme, et l'ami
sincère du républicanisme modéré.

Paris, le 28 mars 1848.

L'année suivante je me présentais de nouveau devant mes compatriotes, et je leur disais, le 24 avril
1849, en leur rappelant ma profession de foi de l'année précédente :

Voilà, chers compatriotes, le langage que je vous tenais en un
temps où bien peu, s'il vous en souvient, osaient avouer la modération de leurs sentiments. Je n'ai rien à y ajouter, rien à en
retrancher. Je ne suis pas de ceux qui changent au vent de tous
les événements. Tel j'étais hier, tel je reste aujourd'hui. Républicain sincère, mais modéré, ami dévoué de l'ordre, mais ennemi déclaré du despotisme ; également hostile aux partis qui
méditent une restauration monarchique et à ceux qui rêvent un
bouleversement social, j'ai, cette année, le langage et les sentiments de l'an dernier. Ce seront désormais ceux de ma vie. Ils
m'ont valu l'amitié et l'adhésion d'hommes éminents et sincère-

ment dévoués à la liberté, à la prospérité et à la grandeur de notre patrie ; puissent-ils me valoir votre estime.

Paris, ce 24 avril 1849.

Les électeurs n'accueillirent pas cette modération. Comme un vaisseau désemparé, leur inexpérience n'obéissait qu'aux grosses vagues et aux grands coups de vent. Ils allaient d'un pôle à l'autre, et devaient dans la même année accueillir par d'énormes majorités les députés socialistes et l'empire autoritaire.

Mais les hommes qui portaient alors glorieusement le drapeau de la liberté et de l'ordre m'encourageaient de leurs vœux. Je suis fier des lettres que m'adressaient alors l'honorable M. Dufaure et le regrettable M. Vivien pour souhaiter le succès à mes idées. Elles étaient ainsi conçues :

Lettre de M. DUFAURE, *ancien Ministre de l'Intérieur, à* M. LEFEBVRE, *Avocat à la Cour de Cassation.*

Paris, le 14 avril 1849.

MONSIEUR,

L'élection du 13 mai va être pour notre pays une épreuve solennelle : selon la composition de la prochaine assemblée, le gouvernement républicain doit s'asseoir définitivement parmi nous ou s'éteindre dans les convulsions d'une révolution nouvelle. Mes amis et moi sommes décidés à nous opposer de tous nos efforts à cette révolution nouvelle sous quelque drapeau qu'elle se présente : nous sommes convaincus que le gouvernement républicain, bien entendu et bien pratiqué, est parfaitement compatible avec toutes les grandes nécessités sociales, et avec les droits impérissables de chaque citoyen. Nous serons heureux d'être aidés dans la tâche que nous avons entreprise depuis un an par des hommes actifs, intelligents, plus jeunes que nous et qui puissent continuer notre œuvre, si elle doit avoir de l'avenir. C'est vous dire, Monsieur, que j'apprends avec un vif intérêt votre candidature aux prochaines élections, dans le département de Loir-et-Cher, et que je fais des vœux sincères pour que les suffrages de vos concitoyens vous fassent entrer à l'Assemblée nationale.

Agréez, Monsieur, je vous prie, l'assurance de mes sentiments les plus distingués,

J. DUFAURE.

Lettre de **M. VIVIEN,** *Président du Conseil d'État, à* **M. LEFEBVRE,** *Avocat à la Cour de Cassation.*

Paris, 9 avril 1849.

MONSIEUR,

Vous me demandez de vous donner un témoignage d'adhésion à votre candidature dans le département de Loir-et-Cher.

Je vous connais plus comme jurisconsulte que comme homme politique. J'ai lu vos ouvrages, dont j'ai apprécié le mérite, et ces sortes de travaux sont la meilleure des préparations à la carrière parlementaire ; quant à vos opinions, je ne puis les juger que par votre Profession de foi de l'année dernière, et elle me paraît répondre parfaitement à ce qui doit être la pensée du pays et la règle de conduite de tous les bons citoyens. Maintenir la République, en lui donnant pour base le respect de l'ordre et de la propriété, se tenir également en garde et contre ceux qui voudraient faire revivre un régime détruit, et contre ceux pour qui la République est synonyme de désordres et de violentes révolutions sociales : voilà ce qui me semble être votre doctrine politique, et je désire vivement qu'elle rallie dans la prochaine Assemblée une forte majorité. Je fais donc des vœux pour que vous soyez élu, et je voudrais que ma voix fût assez écoutée pour y contribuer.

Agréez, Monsieur, mes salutations affectueuses.

VIVIEN.

II

L'Assemblée législative sortit des élections de 1849. Composée d'éléments libéraux pris en majorité dans les partis déchus, elle se posa en surveillante jalouse du prince président. Le Prince, de son côté, fier des sept millions de suffrages assemblés sur son nom, n'avait pas oublié qu'il était l'héritier direct de Napoléon Ier. Nul n'était disposé aux concessions.

Que voulait la France en plaçant tous les partis dans l'Assemblée en face du Bonaparte qu'elle avait élevé au fauteuil de la présidence?...

Le sens de l'oracle sorti des urnes électorales était tout pacifique. En élisant à la députation des membres de tous les partis, la France voulait la représentation et la fusion de ces partis dans le corps délibérant. En élevant le prince Napoléon à la présidence, elle voulait que leur conciliation se fît sous sa médiation, par ses soins et, quelques-uns ont dit depuis, au profit de sa dynastie. A l'époque on pouvait assurer que le pays voulait que cette conciliation s'accomplît en présence d'un pouvoir ferme à l'intérieur, digne à l'extérieur et ami de l'ordre partout. Le nom de Bonaparte avait alors comme il a aujourd'hui cette triple signification.

Mais si de 1849 à 1851 les avisés devinèrent le mot du sphinx, la grande masse n'en voulut pas comprendre le sens. On ne vit dans les élections qu'un signal de luttes, on n'y prit qu'un mot de combat. La campagne s'ouvrit. Ce fut une guerre d'embûches, de surprises et de mauvais vouloirs où personne ne brilla beaucoup, mais où l'habileté et la force finirent par se ranger du côté du président. On vit, le 2 décembre 1851, se rééditer avec moins d'éclat, plus d'adresse et autant de succès les événements du 18 brumaire de l'an VIII.

Le président viola les lois au nom, disait-il, du salut de la société. Il alla au-devant des reproches que l'événement soulevait dans les consciences, et demanda au pays l'absolution de la faute qu'il avait commise en déchirant la constitution et les lois qu'il avait jurées. Il appela la nation entière à se prononcer sur les événements de décembre 1851 par un plébiscite et des élections générales.

Le monde connaît la réponse de la France. Elle remit au Prince Président l'autorité la plus exorbitante qui ait été confiée à un homme depuis la chute des Césars. Napoléon concentra en ses mains l'omnipotence absolue. Il eut le pouvoir d'administrer, de faire une Constitution et des lois, de déporter sans jugement, de confisquer par décrets. Les décrets-lois furent nombreux et de la plus haute gravité ; les déportations et les exils prononcés sans l'intervention de l'autorité judiciaire étonnent par leur chiffre; la confiscation ne frappa qu'une famille, mais ce fut la famille princière la plus riche peut-être de l'Europe.

La France gémit, mais se tut; son mutisme parut une approbation. Il se fit autour de cet immense pouvoir comme un silence de mort. Tout au début la Haute Cour de Justice s'assembla à deux reprises et nomma un procureur général pour requérir, des écrits hostiles circulèrent clandestinement, des recueils ennemis s'imprimèrent à l'étranger, des voix protestèrent dans le conseil d'État contre les décrets du 22 janvier; le procureur général Dupin, le ministre de la justice, Rouher, celui de l'intérieur, de Morny, celui des finances, Fould, résignèrent leurs fonctions et le maître des requêtes Reverchon fut dessaisi du dossier. Mais ces protestations, les unes clandestines, les autres étouffées dans une chambre de délibération, restèrent sans écho. Pas une d'ailleurs ne fut publique, expliquée et sans détours. Puis tout se tut. Ces bruits à mi-voix, ces murmures indistincts cessèrent eux-mêmes et on n'entendit plus rien!... rien!... que le bruit des encensoirs qui montaient vers le maître tout-puissant et ne descendaient que pour remonter encore et verser aux pieds du trône des flots d'encens et de fumée.

Au milieu de ce silence profond une voix humble mais convaincue s'éleva. Pour la troisième fois je m'adressai aux électeurs du département de Loir-et-Cher et je leur dis à la date du 16 février 1852 :

Messieurs,

Plusieurs d'entre vous m'invitent à me présenter aux prochaines élections. — Je les remercie de leur encourageant souvenir, mais je décline l'honneur de toute candidature politique.

Je dois vous exposer sans réticences les motifs de cette détermination. — Quels que soient la prostration des esprits et l'abaissement des caractères en ce moment, vous ne serez pas surpris, vous qui me connaissez, de retrouver la franchise dans ma bouche et la loyauté dans mon cœur.

Libre de tout engagement, je ne dois rien aux gouvernements tombés; je n'en ai reçu ni bienfait ni injure. — Je n'ai écouté, pour embrasser les opinions que je professe, que les conseils de ma raison et de ma conscience. — Ma conscience et ma raison m'ont fait préférer le régime parlementaire à tout autre. — J'en ai arboré le drapeau dans les élections de 1848 et de 1849, et je l'ai soutenu avec fermeté au milieu des luttes de l'élection et des changements de l'opinion. — Profondément convaincu, aujourd'hui comme en 1848, que ce régime convient à nos mœurs, à nos besoins, à nos idées, et qu'il donnera à notre pays la prospérité, le travail, l'ordre, la liberté et la grandeur, je ne puis, ne veux, ni ne dois participer à l'action politique du gouvernement qui se glorifie de sa chute.

Je ne veux entrer dans une assemblée législative qu'en ayant confiance en sa durée et en son autorité. — Je ne veux participer à la confection des lois qu'en espérant que tous leur obéiront. — Je ne veux prêter de serment que devant des hommes qui ont le parjure en horreur. — Je ne veux contrôler que des finances gérées avec économie et sagesse. — Je ne veux enfin accepter que des lois protectrices des droits de la propriété, de la liberté des personnes et de la pensée, de l'inviolabilité des domiciles et de la double majesté de la justice et de l'humanité.

Les événements arrivés depuis le deux décembre, la constitution, les lois, les décrets tombés sur la France depuis cette époque m'ôtent l'espoir de réaliser ces désirs dans le nouveau corps législatif. — Voilà pourquoi je refuse d'y entrer.

Mon refus a encore une autre cause que comprendront les électeurs dont le vote, dicté par la crainte exagérée du communisme, a absous le fait du deux décembre. — La voici :

Un nouveau système gouvernemental s'est intronisé et la nation lui a permis, par le vote du 21 décembre, de s'essayer. — Je crois qu'il est d'un homme loyal et ennemi de toute sédition d'attendre le résultat de cette expérience. — J'attendrai donc, car je ne suis point de ces hommes qui ne se pressent autour d'un pouvoir que pour l'étouffer, qui ne prêtent un serment que pour le violer et ne parlent de légalité, de droits, de liberté, que pour s'en jouer. — Si la tentative est heureuse, je m'applaudirai de ne l'avoir pas entravée ; si elle est déplorable, comme beaucoup le craignent, je n'aurai point à me reprocher d'y avoir concouru. — Quand l'épreuve sera faite, et ce sera prompt, car l'arbitraire passe aussi vite que l'anarchie, vous me trouverez prêt à servir notre chère patrie.

Elle seule reste debout au milieu de tous ces pouvoirs d'un jour qui se la disputent en proclamant eux-mêmes leur nécessité et leur perpétuité. — C'est elle que je veux servir et non des gouvernements de fantaisie poussés en un matin. — C'est à elle que je m'attache et non à des institutions sans avenir. — Jusqu'à ce qu'elle ait parlé sans préoccupation et sans contrainte, je me tiendrai à l'écart de toute action politique, et je laisserai passer, sans y participer, des événements et des faits que l'histoire qualifiera avec plus de sévérité que la modération de mon esprit ne permet à ma plume de l'écrire.

Paris, le 16 février 1852.

III

J'ai tenu les engagements que ma foi politique prit avec ma conscience dans cette circulaire. J'ai laissé couler les années et blanchir mes cheveux sans dévier de la ligne que ma volonté a tracée.

Je n'ai pas été sans tracasseries, mais on m'a posé à tort en martyr.

Ma circulaire du 16 février 1852, arrivée par je ne sais quelle voie dans les conseils ministériels, fut adressée par le garde des sceaux à M. le procureur général à la Cour de Cassation. Il la déféra au conseil de l'ordre des avocats au Conseil d'État — ordre dont je faisais alors partie. Mais après avoir entendu mes observations, le Conseil dépêcha son président et son secrétaire vers M. le Procureur général avec charge, ai-je appris depuis, de lui déclarer que le Conseil estimait que j'étais resté dans les limites de mes droits de citoyen et que ma conduite ne présentait rien de répréhensible.

Le chef du parquet voulut néanmoins m'entretenir. Dans son cabinet, après quelques mots de reproches, il me tendit la main amie de l'ancien confrère et m'offrit d'ouvrir devant moi, selon ses expressions, *les portes d'un brillant avenir*. Je n'avais, eût-on cru à l'entendre, qu'à choisir dans l'administration, la magistrature ou la diplomatie pour voir les faveurs tomber en pluie dorée sur ma modeste personne, car ce n'était pas, disait-il, en son nom seulement qu'il parlait, mais au nom du ministre de la justice et, (si mes notes sont fidèles), avec l'agrément du Prince Président lui-même.

Je déclinai respectueusement, mais fermement ces offres enguirlandées... Je n'eus pas à souffrir davantage :

La tyrannie pour moi n'a jamais eu de fers.

L'Empire est au nombre des gouvernements dont je n'ai reçu ni bienfaits ni injures. Mais il est de mon devoir de dire que si l'assentiment du prince a été effectif dans les offres proposées, (et le dire du procureur général m'interdit d'en douter), rien n'est plus exact que cette parole d'un publiciste anglais : « Il n'est pas facile de lutter de générosité avec l'empereur des Français. » J'ai à cœur de mon côté d'ajouter que j'ai vécu dans ma retraite sans haine, sans bouderie et sans impatience : *sine irà et studio, quorum causas procul habeo,* eût dit Tacite.

J'ai gémi sur le système politique inauguré en 1852, mais j'ai honoré les personnes. Je n'ai jamais parlé du souverain de la France qu'avec la considération et le respect dus à son rang, à son caractère et à l'autorité dont il est revêtu. Je n'emploierai jamais d'autres formes, à moins que ma plume ou ma bouche ne trahissent ma volonté.

Éloigné par ma résolution des sphères politiques, je n'ai pas déserté la vie communale dès que l'aurore de la liberté est apparue. Jusqu'en 1863 j'ai décliné les honneurs par des refus, les charges par des luttes légales. Après les élections de 1863, je n'ai repoussé ni charges ni honneurs communaux ; aujourd'hui je les rechercherais. J'ai secouru les pauvres dans les bureaux de bienfaisance, j'ai aidé les ouvriers économes dans les caisses d'épargne, j'ai poussé à l'instruction du peuple dans les délégations cantonales, je me suis mis à la disposition de l'ordre et de la loi dans la garde nationale. Voilà la vie publique de ma retraite.

J'ai par des voyages répétés satisfait mon désir de connaître les besoins, les tendances et les opinions des différents peuples de l'Europe et de l'Orient. J'ai tâché de compléter ainsi les études de droit public et d'économie politique auxquelles j'aimais à me livrer dans le silence du cabinet. Tout en regrettant de laisser inachevés, à cause du changement des législations, mes *Essais sur l'administration provinciale des États constitutionnels de l'Europe*, j'ai revu mon ouvrage sur *la Constitution et les Pouvoirs des Conseils généraux*, et mon traité de l'*Impôt sur le revenu*. J'ai fait paraître une seconde édition de mon livre sur *les Donations pieuses faites aux établissements publics de toute nature*, et enfin j'ai publié mes *Études économiques et diplomatiques sur la Valachie*. De ce dernier ouvrage je tire quelque fierté, non-seulement à cause de l'approbation que lui ont accordée au sein de l'Académie des sciences morales et politiques des hommes spéciaux de la valeur de MM. Michel Chevalier et Dupin aîné, mais encore à cause de la sympathie dont l'ont honoré des vétérans parlementaires comme MM. Saint-Marc Girardin et Odilon-Barrot. Voilà la vie privée de ma réclusion.

En tout temps et en toutes circonstances, j'ai remercié Dieu de deux choses. Il m'a accordé de conquérir assez de fortune pour jouir des bienfaits d'une indépendance exempte de soucis matériels et de sollicitations abaissées. Il a laissé à mon patriotisme toute l'ardeur de mes jeunes années. Mon cœur s'est réjoui de tous les succès de mon pays, comme il a gémi de ses quelques revers. Ses triomphes en Crimée et en Italie m'ont rendu aussi heureux que ses disgrâces au Mexique, ses désillusions en Chine, et ses erreurs en Allemagne m'ont infligé de douleur. Les dépenses fastueuses des villes m'ont causé un chagrin qu'a seul adouci le spectacle des immenses travaux productifs exécutés de toute part, et des magnifiques résultats économiques obtenus par l'Empereur, à l'aide des traités de commerce, ou plutôt à l'aide de l'abaissement des droits douaniers qu'ils établissent — et de la liberté des échanges qu'ils facilitent.

IV

La période écoulée pendant ma retraite de 1852 à 1869 n'a point été sans grandeur ni sans fécondité pour la France. Si la scène a été constamment occupée par le même acteur, les yeux n'ont été offensés, ni par la petitesse du personnage, ni par la bassesse de ses vues, ni par la vulgarité de ses actions.

Un premier fait a justement frappé d'étonnement. L'enivrement du triomphe, le bruit des flatteries, l'abaissement des caractères n'ont pu ni ébranler le cerveau du souverain, ni fausser son jugement. Si on en excepte quelques rares grands hommes, pareil phénomène ne s'est pas vu dans la longue histoire des empereurs romains. L'enivrement a pourtant duré huit ans; et c'est l'Empereur lui-même qui spontanément a brisé le charme. Lui-même a fait cesser le silence et la flatterie pour appeler la contradiction et la vérité. L'histoire enregistrera cette résolution volontaire parmi les grands faits des hommes d'élite.

Après les guerres de Crimée et d'Italie jusqu'à Sadowa, la France a occupé en Europe une place éminente d'où le respect et la crainte rayonnaient à la fois. La gloire de nos armes avait conquis des résultats éclatants et sérieux. La Turquie moins opprimée par la Russie respirait pour la première fois depuis Navarin. Les populations chrétiennes de l'empire ottoman étaient vivifiées par un vent de liberté et de protection qui soufflait de la France. L'Italie, ramenée à la vie nationale, prenait sur nos frontières la place d'une puissance malintentionnée. L'Autriche, ramenée au bord de son territoire, était contenue sans être ni humiliée ni désorganisée; elle cessait d'être une menace pour nous, tout en restant une force utile pour l'Europe. Le reste du monde, ami circonspect mais bienveillant de la France, professait pour elle plus de respect que de jalousie. On vivait en repos, et on comptait sur les bienfaits de la paix, car ne s'agitait pas encore sur nos frontières orientales un gouvernement sans scrupules dont les convoitises constituent aujourd'hui une menace permanente pour la tranquillité du monde.

A l'intérieur, tous les intérêts matériels recevaient une admirable impulsion. Parmi les intérêts moraux, les uns étaient vivement activés, les autres étaient ou comprimés ou négligés ou mal dirigés par le pouvoir central.

L'instruction publique fut malheureusement de ces derniers. Son budget des recettes était en 1852 comme en 1850 de 20,733,000 francs, et il n'atteignait que 23,633,000 francs en 1869, malgré le renchérissement des denrées, l'accroissement de la population et dix-neuf années écoulées. L'instruction primaire recevait en 1852 tant de l'État que des départements 9,665,833 fr. et n'en obtenait que 9,448,300 en 1869. On ne la voit plus figurer dans le budget de cette dernière année qu'au chapitre des dépenses extraordinaires pour 1,100,000 de francs et à celui des centimes spéciaux pour 10,000,000. Si donc les écoles, à tous les degrés, se sont accrues en nombre, en importance, et en confort, si le chiffre des élèves s'est augmenté, si 26 mille communes ont ouvert, en 1868, 32,231 cours d'adultes fréquentés par près de 80,000 élèves, le mérite en appartient plutôt aux communes et aux particuliers qu'à l'État. Le pouvoir central s'est plus agité qu'il n'a fondé ; ses tentatives ont été plus en conseils qu'en actes, et ses visées plus hautes que fécondes. Il a désorganisé l'enseignement agricole sans lui rien substituer de pratique. Il a affaibli l'instruction supérieure en imaginant la bifurcation, en dépréciant les humanités, en faisant descendre l'enseignement de plusieurs grandes institutions, notamment du Muséum, des hauteurs d'où elles apercevaient et quelquefois atteignaient le progrès pour les faire tomber dans l'ornière d'une pratique enfantine. L'enseignement des hautes études et celui de l'instruction technique sont restés à l'état de projet ou de quasi-avortement. Si quelques écoles de droit, de médecine, de pharmacie, si encore certaines facultés des lettres et des sciences ont été fondées et fonctionnent utilement, si la population scolaire a repris sa marche ascendante et si on comptait dans les lycées, en 1868, 38,000 élèves — excédant de 1,700 l'effectif de 1867 —c'est qu'en s'agitant moins, on avait fait mieux, et qu'aux idées purement autoritaires avaient déjà succédé les allures libérales.

Ni la presse, ni l'imprimerie, ni la librairie n'ont eu à se louer du régime de 1852. La puissance des organes de publicité a certainement gagné au monopole que les lois de restriction leur créaient involontairement. Tout garrottés qu'ils étaient, ils avaient la force de faire agréer, dans les grands centres de population, les députés de leur choix. Mais leur éclat était partout affaibli, leurs productions sans grande valeur et leurs finances peu prospères. D'un autre côté, les sévérités de la loi sur le colportage atteignaient plutôt les opinions qu'elles ne servaient la moralité publique. On a donc pu dire avec vérité que le gouvernement personnel n'a pas profité au développement intellectuel du pays. Il n'en est pas de même de certains autres intérêts moraux dont j'ai hâte de parler.

La nation a été conviée depuis 1852 à l'épargne, à la prévoyance et à la charité par la création, le développement ou là réforme des institutions de bienfaisance dans des proportions à honorer un règne.

Les caisses d'épargne ne recevaient en 1852 que 158 millions de dépôt, elles en ont encaissé plus de 700 millions en 1867. Leur nombre n'était en 1860 que de 63 avec 205 succursales, et en 1867 il y en avait 488 et 564 succursales. En 1852 les préfets ne constataient l'existence que de 23 sociétés de secours mutuels, on en comptait en 1867 5,829 possédant plus de 750,000 membres des deux sexes et un capital de près de 46 millions et demi. L'État fondait, subventionnait et administrait une caisse d'assurance pour les ouvriers en cas de décès ou d'accident, ainsi qu'une caisse de retraite pour les vieillards. Cette dernière caisse créée en 1851, avait reçu depuis sa fondation jusqu'en 1867 plus de 135 millions et acheté plus de 5 millions et demi de rentes. Malgré tout l'intérêt que la matière comporte il serait fastidieux, tant leur nombre est grand, d'énumérer tous les hospices et les hôpitaux qui ont été fondés, tous les asiles maternels qui ont été ouverts aux jeunes orphelins, toutes les maisons de retraite établies pour les vieillards, tous les refuges créés pour recevoir les détenus, toutes les institutions de patronage organisées dans l'intérêt des prévenus, ou des condamnés de tout âge et de toute espèce, ainsi que toutes les mesures prises pour améliorer et transformer les prisons, les maisons de correction ou les bagnes, en un mot les établissements pénitentiers de toute nature. On s'est ingénié à créer des institutions ou des associations et à fonder des établissements spéciaux en vue, tantôt d'aider ou d'instruire les aveugles, les sourds-muets, les infirmes de toute nature, tantôt de réprimer la mendicité, ou d'assister les femmes en couche et d'élever les nouveau-nés, ou bien encore de secourir gratuitement les malades des villes et des campagnes, d'arrêter le concubinage et de favoriser le mariage. On a procédé de même pour recueillir et traiter les aliénés, pour assister les orphelins et les enfants abandonnés, soit en les recevant dans les hospices conformément au vieux système, soit en les plaçant dans des familles honnêtes selon le mode usité par l'orphelinat du Prince Impérial.

Les procédés les plus ingénieux et les plus délicats ont été pris — ici, par la Société du Prince Impérial pour prêter un capital aux ouvriers pauvres en finances mais riches en bon vouloir, et pour le recouvrer, — là, dans l'établissement des fourneaux économiques, pour distribuer des aliments aux nécessiteux. Mais nulle part, plus que dans l'Assistance publique de Paris, on n'a inventé et pratiqué des moyens discrets, variés et efficaces pour secourir les indigents à leur domicile, les aider dans leur chômage, les soigner dans leur maladie, les soulager dans leurs infirmités, les soutenir dans leur vieillesse. J'ai pratiqué moi-même ces moyens dans le bureau de bienfaisance chargé de 12,000 indigents dont j'ai été l'administrateur et des travaux duquel j'ai rendu compte en 1865.

Dans ce compte rendu, tout en constatant que le procédé le plus efficace pour combattre la misère est moins d'aider les nécessiteux que de les mettre à même de s'aider eux-mêmes, j'ai démontré, comme j'aime à constater aujourd'hui, l'abondance, l'intelligence et la sollicitude avec lesquels les secours sont accordés aux pauvres de Paris. Le zèle et l'amour de la charité éclatent partout en France, et quand on entre soit par la théorie, soit par la pratique, dans le monde de la misère on ne sait qu'admirer davantage ou de l'ignorance de ceux qui nient l'existence de ces nobles sentiments ou de l'abnégation et presque de l'enthousiasme de ceux qui les pratiquent. La bienfaisance règne si généralement dans notre pays et elle se manifeste avec une telle ferveur qu'un sénateur autorisé, M. Dupin, a pu dire que notre époque était celle de la charité et que nul surnom ne conviendrait mieux à l'Empereur, que celui de *Napoléon le bienfaisant.*

A côté de cette marche des intérêts moraux de la nation ses intérêts matériels prenaient un développement considérable. Le commerce et l'industrie recevaient une impulsion inouïe jusque-là.

Les états de douane qui ne constataient en 1852 à l'entrée et à la sortie que 2,246 millions pour le commerce spécial dont je m'occuperai seul, accusaient 5 milliards 850 millions en 1867, et deux ans après portaient, pour les dix premiers mois de 1869, 5,104,683,000 francs. Si on décompose ce total on trouve que les exportations qui étaient en 1852 de 1,233 millions s'élevaient à 2,825 millions en 1867 et que les importations de 989 millions en 1852 montaient à 3 milliards 28 millions en 1867. Ces importations atteignaient pour les huit premiers mois de 1869 1,965,844,000 francs. Si les quatre derniers mois de cette année répondent aux huit premiers elles arriveront pour l'année entière à 2,621 millions.

Les chemins de fer n'avaient en 1852 que 3,872 kilomètres exploités et, en 1870, ils présentaient un développement de 17,116 kilomètres. Pour la construction de tout le réseau et l'exécution des concessions définitives ou éventuelles, l'État avait engagé sa garantie pour un capital de plus de 675 millions, il avait dépensé 1,904 millions et les compagnies 8 milliards 723 millions.

Les routes impériales comptent aujourd'hui 38,420 kilomètres exploités contre 35,694 en 1852, et on évaluait en 1868 à 532,326 kilomètres la longueur des chemins vicinaux de l'empire auxquels on doit consacrer en dix ans près de 1,500 millions en vertu de la loi de 1868.

Des canaux nouveaux étaient creusés, les anciens complétés, les droits de navigation abaissés et on laissait espérer sur les tarifs une diminution nouvelle et prochaine. Les rivières étaient canalisées, approfondies, rectifiées. L'ensemble des voies navigables présentait en 1869 un développement de 7,300 kilomètres de fleuves et rivières portant bateau; de 4,005 kilomètres de canaux appartenant à l'État et de 1,025 kilomètres de canaux concédés.

Les transactions se multipliaient à un tel point que l'administration des Postes voyait ses recettes monter de 46 millions et demi en 1852 à 90 millions en 1868, et que la Banque dont l'escompte n'atteignait que 1,824,469,000 francs en 1852, l'élevait en 1869 à 6,682,874,549 francs.

Des entreprises de transport, de viabilité, de construction fonctionnaient sur toute la surface du territoire. La part de la Capitale était la plus forte, mais il n'était si humble commune qui ne fût le centre d'une activité relativement surprenante. L'État, les départements, les grandes villes, les communes rurales travaillaient à l'envi. L'État seul consacrait dans l'unique année 1869, 269 millions et demi au service des ponts et chaussées. Presbytères, maisons communes, salles d'asile et d'école, rues nouvelles, canaux, curages de rivières, endiguement de fleuves, rectifications de routes, comblement de lacunes, chemins forestiers, agricoles ou corses, érections de phares, creusement de ports, constructions de maisons particulières, défrichements de landes, boisement de montagnes, semis de sables et de dunes, plantation de vignes, assainissement de marais, drainage de terres, se faisaient, s'élevaient, s'opéraient de toutes parts avec une audace, des dépenses, un entrain à donner le vertige aux financiers les plus osés. La France était une ruche dont l'activité ne souffrait guère de comparaison. Les produits créés augmentaient sans cesse et s'expédiaient aussitôt à des taux rémunérateurs qui encourageaient également le producteur, l'ouvrier et le commerçant. Les salaires montaient aussi vite que les profits et l'abondance comme le bien-être étaient partout.

V

Pendant cette période d'une bienfaisance ingénieuse efficace, d'une prospérité matérielle inouïe et d'une gloire militaire inattaquable, on reste confondu de rencontrer un fonds d'hésitation et de défiance persistant. Sous les dehors séduisants qu'on vient d'exposer l'œil attentif voit clairement ces deux sentiments et l'esprit réfléchi en reconnaît aisément les causes.

Ces méfiances affleurent le sol des affaires financières. M. Horn dans le *Bilan de l'Empire*, M. Vitu dans les *Finances de l'Empire* en ont donné des exemples qu'on me permettra d'utiliser.

Le dernier emprunt de 429 millions a été négocié en août 1868 à 69,25. Ce taux ne dépasse que de 4 pour cent en capital et 2 centimes en intérêts celui du premier emprunt de l'Empire escompté en 1854, à 65,25. Le crédit n'a donc guère progressé avec le temps sous l'Empire autoritaire. Il en avait été autrement sous les gouvernements antérieurs. En 1816, la Restauration émettait le 5 p. 0/0 à 57 fr. 50, c'est-à-dire au taux de 8 fr. 7 pour cent, et en janvier 1830 elle plaçait un emprunt de 4 pour cent à 102 francs, c'est-à-dire à presque la moitié du taux de 1816. Le gouvernement de juillet avait encore obtenu plus de faveur auprès des financiers. Il avait emprunté en 1831 du 5 pour cent à 84, c'était un intérêt de 6 p. 0/0, et en 1844 il plaçait un emprunt de 3 p. 0/0 à 84 fr. 75, c'est-à-dire à 3 1/2 pour cent. La confiance des capitalistes d'avant 1870 n'égalait ni celle des banquiers de la Restauration ni celle des prêteurs du gouvernement de Juillet. Le crédit de l'Empire autoritaire, en conclut M. Horn, était donc moins assuré que celui des gouvernements précédents.

Si la défiance des capitalistes sérieux était certaine à l'égard de l'État, leur hésitation à entamer des affaires à longue échéance n'était pas plus douteuse. Toutes les caisses publiques et privées regorgent depuis trop longtemps d'argent. L'encombrement est tel qu'elles ne payent qu'un demi pour cent d'intérêt pour les dépôts et que la Banque de France qui ne donne aucun intérêt, avait, au 30 décembre dernier, près d'un milliard deux cents millions et demi dans ses caves (exactement 1,247,125,675 fr. 13 cent.). Les propriétaires de ces immenses capitaux les laissent improductifs et comme enfouis parce qu'ils hésitent à aventurer leurs fonds au milieu des incertitudes de l'avenir.

Quelles étaient les causes véritables de cette hésitation? Était-ce l'état des finances publiques, était-ce l'emploi improductif des recettes, était-ce le chiffre des emprunts? N'était-ce pas plutôt l'insuffisance des institutions politiques? Examinons ces diverses causes en débutant par les raisons financières.

Les finances de la France ont été prodigieusement surmenées de 1852 à 1869. L'État, les départements, les communes ont consommé des capitaux puisés aux sources d'impôts et d'emprunts dont les totaux épouvantent. En quinze ans seulement, de 1852 à 1866, on a relevé que l'État seul a dépensé trente et un milliards, disent les adversaires de l'Empire, et parmi eux M. Horn, vingt-cinq milliards, disent ses amis et à leur tête M. Vitu. Le plus faible de ces chiffres est effrayant et ce qui n'est pas moins pénible c'est que la progression de la dépense a toujours été ascendante. Elle débute, dit M. Horn, par 9 millards et demi pendant la première période quinquennale de l'Empire, pour monter à 10 milliards un tiers de 1857 à 1861 et atteindre 11 milliards 100 millions de 1861 à 1866.

Quelque effrayants que soient ces chiffres et cette progression, ils n'étaient pas de nature à jeter l'alarme parmi les capitalistes parce que, d'abord, la France a supporté ces charges non-seulement sans fléchir mais sans s'émouvoir, parce qu'ensuite les banquiers ne s'occupent pas tant du chiffre de la dépense que de l'emploi des deniers.

Or l'emploi des recettes ordinaires et celui des sommes empruntées a-t-il été tellement désastreux et si complétement improductif que le gouvernement impérial ait dû perdre toute confiance? Non encore. Si les adversaires de l'Empire ont pu dire qu'il avait dépensé en 15 ans, pour la guerre et la marine, plus de 10 milliards, personne n'a nié que ces dépenses étaient indispensables. Elles ont en effet été motivées par deux guerres nécessaires et glorieuses, par la double transformation de la flotte, de navires à voiles en navires à vapeur et de vaisseaux en bois en vaisseaux cuirassés, enfin par les modifications de l'armement des troupes de terre. Il faut reconnaître en outre que ces dépenses faites par les plus stériles des ministères n'ont pourtant pas été infécondes. Elles ont augmenté l'importance de notre rôle dans le monde, elles ont favorisé nos relations et facilité l'extension de notre commerce, enfin elles ont permis à la France de prendre une attitude suffisament imposante pour reprimer quelques-unes des convoitises de ces peuples assez oublieux du droit pour ne croire qu'à la force.

La défiance dont nous avons constaté l'existence sous l'empire autoritaire aurait-elle sa source dans le nombre et l'importance des emprunts qu'il a contractés? L'importance en est considérable et le nombre trop élevé, mais on les a exagérés comme à plaisir. Il a plu à des publicistes de porter à 7 milliards 963 millions le chiffre absorbé par la dette publique pendant les quinze premières années de l'Empire de 1852 à 1867. Sans songer à décomposer ce chiffre comme l'a fait M. Vitu, il suffira de dire que de 1852 à 1869, l'Empire a emprunté 2,823 millions de capital. Mais dans cette somme on comprend 1,500 millions pour la guerre de Crimée, 500 millions environ pour celle d'Italie, enfin à peu près 200 millions pour le nouvel armement de la flotte et de l'armée. Or la nécessité et l'utilité de ces dépenses ont été démontrées, elles n'ont donc guère plus effrayé les capitalistes que le surplus des emprunts employés productivement en travaux publics.

Si aucune cause financière ne peut expliquer la

défiance et les hésitations du monde des affaires, il n'en est pas de même lorsqu'on porte ses regards vers les sphères politiques. On reconnaît bien vite que malgré la sécurité et l'ordre de l'heure présente nul n'osait compter sur l'avenir. Pleine de confiance dans la personne de l'Empereur, la France manquait de foi dans les institutions de l'Empire qui présentaient un souverain sans contrôle, des ministres sans solidarité, des corps sans indépendance, en un mot un gouvernement sans autre force que celles d'un seul homme. La base du régime paraissait restreinte et incomplète. Elle donnait toute la place à l'autorité, aucune à la liberté.

L'absence de contrôle du souverain est de l'essence du gouvernement personnel. Si le prince demande ou écoute un avis il fait œuvre de prudence mais ne se lie jamais. Tout procède de *sa pleine et certaine science*, et parce que *tel est son bon plaisir*. Lui seul délibère, apprécie, décide et l'action n'appartient qu'à lui. La France connaît ce régime. Il a fonctionné avec des alternatives de modération, d'éclat, et de désastres pendant toute la dynastie des Bourbons. Si la sagesse, l'habileté, le génie de Henri IV l'a fait accepter et aimer, la nullité de Louis XIII, le faste, les guerres, les malheurs de Louis XIV, les hontes et les dilapidations de Louis XV, les indécisions et les faiblesses de Louis XVI, en ont à jamais dégoûté. Il est si hasardeux de faire dépendre tous les intérêts et toutes les institutions de la volonté d'un seul homme, qu'on ne sait qu'admirer davantage pendant les dix-sept dernières années de l'oubli de la France ou de l'habilité de l'Empereur, qui ont l'un et l'autre ramené ce gouvernement. L'histoire explique mieux qu'on ne le peut dire les inquiétudes d'une nation dont les destinées dépendent d'un homme qui à la place de la raison peut mettre le caprice ; qui, endormi dans la paix, peut se réveiller dans la guerre ; qui, aujourd'hui disciple de Quesnay, peut se déclarer demain partisan de Colbert ; qui, économe un jour, peut être prodigue le jour suivant, dont les erreurs peuvent être des désastres nationaux, et la défaillance la ruine publique.

Le rôle effacé des conseillers de la couronne ajoute à ces inquiétudes. Dans le gouvernement personnel le prince annihile absolument les ministres. Venus de tous les points de l'horizon politique, ils peuvent être accueillis quels que soient leurs tendances, leur aptitude ou leurs antécédents. On ne leur demande ni système, ni solidarité et on leur défend l'indépendance. Ils ne doivent justifier que de deux vertus : comprendre la volonté du souverain et savoir l'exécuter. S'ils ont les mérites de Sully, le génie de Richelieu, les vues de Colbert, l'honnêteté de Turgot, l'expédition des affaires se fera mieux, mais ni le mérite, ni le génie, ni les vues, ni l'honnêteté ne sont, en théorie, les qualités essentielles. Elles sont même en opposition avec la nature de ce gouvernement, car elles déplacent l'action de son centre, l'enlèvent aux mains légitimes pour la confier au bras d'un intrus. De ces intrusions les peuples se trouvent quelquefois bien, et seules elles ont rendu viable ce mode de gouvernement pendant le règne des princes faibles, nuls ou vicieux. Mais elles sont rares et passagères. Que l'histoire compte de Concini, de Chamillart et de Terray pour un Sully ou un Richelieu ! Les conseillers ne doivent ni couvrir ni suppléer le prince, ils l'effaceraient, et effacer le souverain sous ce régime, c'est commettre une usurpation.

Ces usurpations n'étaient point à craindre sous un prince de la valeur de Napoléon III. Les ministres qui l'ont servi ne l'ont ni effacé ni couvert. Vainement leur honorabilité a été parfaite, leur éloquence éblouissante, leur habileté hors de page, l'opinion publique ne leur a ni attribué les mérites du règne, ni imposé la responsabilité de ses mécomptes. Ils entrèrent et sortirent de l'administration sans en modifier la direction. Personne ne s'avisa de supposer qu'il y avait solidarité entre eux. La Constitution s'opposait à cette hypothèse, et le fait n'y était pas moins contraire que la loi. On savait que chaque ministre, renfermé dans sa spécialité, exécutait des travaux dont le moteur était ailleurs. On pensait qu'ils n'avaient aucun système indépendant parce que le souverain seul pouvait avoir un système. Les ministres dépendaient du souverain et ne relevaient pas du pays, ils suivaient les volontés de l'Empereur, mais n'en avaient pas de propres. En un mot on pensait d'eux ce que La Bruyère disait des serviteurs de Louis XIV : « Ses généraux ne sont, quoique éloignés de lui, que ses lieutenants et les ministres que ses ministres. » La conséquence forcée de cet état de choses était qu'un homme seul soutenait l'édifice politique. En présence de cette conséquence, les inquiétudes de la France s'expliquent. Elle avait foi dans le souverain, elle se défiait de nos institutions trop restreintes, et ses défiances s'accroissaient avec les années dont chacune la rapprochait du terme fatal fixé par la nature à la vie de l'homme pour ne laisser debout que les lois. Or, l'homme ôté, elle ne voyait rien de rassurant. Le dogme de la légitimité avait sombré avec l'ancien régime dont elle était l'ancre et quatre catastrophes successives avaient montré la fragilité du principe de l'hérédité monarchique. Elle n'apercevait d'ailleurs, pour le faire triompher, qu'un enfant dans la première jeunesse et une femme digne de tous les respects par son intelligence et ses vertus, mais incapable par son sexe d'agir par elle-même et d'employer personnellement la force, partant dépendante et faible.

Telles étaient les causes véritables des défiances et des hésitations de la France. Pleine de confiance dans le chef qu'elle avait élu, elle n'en avait aucune dans les institutions qu'il avait établies. Toutes avaient pour but l'organisation de l'autorité, aucune la vie de la liberté. Elles n'étaient viables qu'à la condition d'êtres élargies pour faire place à cette puissance des sociétés modernes comme Loke appelle la liberté. Tout en utilisant au profit de la richesse publique l'ordre obtenu par l'énergie de Napoléon III, la nation restait en dehors du courant politique. Les hommes considérables ou indépendants vivaient à l'écart, de nombreux citoyens s'abstenaient dans les élections ; nul parti n'avait désarmé, et les opposants s'accroissaient en nombre et en qualité. Les bonapartistes, restés à l'état de parti, s'étonnaient de leur isolement et l'Empereur, malgré sa popularité personnelle, ses services glorieux, ses éminentes qualités, demeurait le chef de ce groupe plutôt que l'homme de la France. Il avait refoulé les partis, il ne les avait pas fusionnés. Comme Henri IV, de 1589 à 1596, il était le chef d'une fraction du peuple plutôt que l'incarnation du pays. C'est une des analogies nombreuses et étranges qui existent entre le règne présent et celui du premier Bourbon. Henri IV ne fut vraiment roi des Français que quand, en adoptant la religion dominante, il eut épousé les idées de la majorité, sans en subir les passions. Napoléon III, pouvait-on dire il y a moins d'un an, ne sera véritablement empereur des Français que quand il élargira les bases de son édifice et s'assimilera les principes de la majorité nationale manifestée par celle des Chambres sans en accepter les préventions.

Toutes ces choses dites ou pensées, exprimées clairement ou restées confuses dans l'esprit public déterminaient l'hésitation et la méfiance. Elles immobilisaient les capitaux dans les caves de la Banque, arrêtaient l'essor du crédit public, minaient les établissements financiers et semaient de ruines le terrain des entreprises à longue échéance. Ces sentiments à la moindre alerte, à une simple indisposition de l'Empereur arrêtaient les affaires, effondraient les cours des valeurs publiques, réveillaient toutes les machinations

des ennemis intérieurs et extérieurs, en un mot jet-
taient l'alarme et la confusion partout et en toutes
choses. Cette confusion et ces alarmes devaient durer
à l'état latent ou ostensible jusqu'au jour où la majorité du pays manifesterait ses idées et jusqu'à l'heure
où l'Empereur les accepterait.

VI

Les élections de 1869 révélèrent avec éclat les
idées de la majorité de la nation. Ce fut le lever
d'un soleil éblouissant.

A les regarder attentivement, ces idées ne diffèrent
guère de celles émises en 1849, par le corps électoral.

Concilier les partis qui divisent depuis trop longtemps la France à l'aide du système parlementaire
avec un Napoléon pour chef, fut l'inconnue que les
hommes de 1870 eurent à dégager, comme l'avaient
eu les politiques de 1849.

A cette dernière époque, au lieu de chercher la
solution du problème, on en lacera les termes et un
appel heureux à la force en retarda la solution dix-
sept années durant sans grand profit pour les partis
vaincus, ni peut-être pour la dynastie napoléonienne.

Posée de nouveau par la France, la question n'a
point été éludée, et l'Empereur, l'un des premiers, l'a
envisagée en face. Il l'a prise en main avec une résolution et une bonne foi qui « ne sont pas sans grandeur »
pour parler comme parlait M. Rouher le premier jan-

vier 1870. Le message impérial du 12 juillet 1869, le sénatus-consulte du 8 septembre, la lettre à M. Émile Ollivier, du 27 décembre, les allocutions aux grands corps de l'État, le premier janvier, le choix de ministres d'une indépendance, d'un libéralisme et d'une valeur aussi réelles que celles de MM. Ollivier, de Parieu, et leurs collègues (1), le triage des fonctionnaires en vue attestent les dispositions comme la sincérité de l'Empereur et honorent autant son intelligence que sa loyauté politiques.

Il veut un cabinet ministériel homogène, résulte-t-il de sa lettre à M. Ollivier, et représentant fidèle-

(1) Il en est un dont je n'ai pas l'honneur de connaître la personne, mais pour lequel j'ai conçu une vive estime à cause de l'honnêteté de son langage et de la fermeté de ses opinions. C'est M. le comte Daru. Le discours qu'il a prononcé le 22 février 1870, devant le Corps législatif, est postérieur à cet écrit, mais ce qu'il dit de sa conduite de 1852 à 1870, emporte une telle sanction de ma vie pendant la même époque que je suis heureux de placer ma façon d'agir sous l'autorité de la sienne. « Je suis, a-t-il dit, du petit nombre de ceux qui n'ont pas approuvé en 1852 la dictature acclamée alors par 8 millions de citoyens. Forcé à cette époque de choisir entre la cause des libertés publiques qui m'a toujours été chère et la cause d'un prince dont j'ai appris de bonne heure à honorer et à respecter le nom, j'ai opté pour la liberté. Je me suis retiré des affaires publiques, j'ai vécu dans la plus profonde retraite, j'y ai vécu vingt ans. Je n'en suis sorti que le jour où les libertés politiques retrouvaient leur place dans nos institutions (*vive approbation sur un grand nombre de bancs*). Je suis venu les défendre et les pratiquer (*nouvelle approbation sur les mêmes bancs*). J'ai certes le droit de dire que des convictions qui remontent si loin et qui se sont affirmées si haut, valent celles de tout homme qui se respecte et qu'on ne les doit pas mettre légèrement et sans preuve en suspicion (*très-bien! très-bien*). Ces convictions je les résume en deux mots : ordre et liberté. »

ment la majorité du Corps législatif. Il donne mandat à un orateur considérable de l'Assemblée de choisir en pleine indépendance les membres du cabinet auxquels il n'impose d'autre condition que celle d'appliquer la Constitution modifiée par le sénatus-consulte du 8 septembre.

Ce programme renferme tout le régime parlementaire en raccourci. Un cabinet homogène est un cabinet composé de membres ayant en commun des principes et un système arrêté, partant indépendants. Représentants de la majorité, les ministres auront à cœur d'en faire triompher les vues dans les conseils de la couronne; choisis par le souverain, ils pèseront sur l'Assemblée pour lui faire agréer les projets du pouvoir. En toute circonstance, ils auront assez de surface et d'autorité pour prévenir les conflits, vaincre les résistances et empêcher les chocs. Résolus à appliquer le sénatus-consulte du 8 septembre, les ministres prennent pour mission de pratiquer la Constitution adaptée au gouvernement parlementaire.

Dans une assemblée élective, en effet, investie du droit de nommer son bureau, de faire son règlement, d'interpeller les ministres, d'amender et de proposer les lois, de voter le budget par chapitres, de renverser enfin tout cabinet privé de l'appui de la majorité, la France reconnaît une assemblée indépendante et prépondérante. C'est celle crée par le sénatus-consulte du 8 septembre.

Ce sénatus-consulte en accordant en outre au Sénat une publicité nécessaire et une extension d'attributions légitime permet d'attendre sans dommage le moment opportun où cette haute assemblée pourra recevoir les modifications que son influence et sa vitalité exigeront.

La France pourvue d'un cabinet ministériel homogène, solidaire et responsable, d'une assemblée élective prépondérante, d'un pouvoir fort mais contrôlé, d'un Sénat indépendant, verra promptement s'améliorer sa législation. Elle s'étudiera à donner au suffrage universel l'instruction et l'indépendance sans lesquelles il n'y a ni vie publique saine ni élections libres. Elle amendera en temps opportun la loi électorale, elle rapportera la loi de sûreté générale, elle modifiera les bases de l'administration sans les ébranler, elle développera les attributions des corps électifs à tous les degrés, elle restreindra l'action des agents exécutifs sans l'énerver (1), elle étendra les pouvoirs du jury et isolera la magistrature de la politique, elle transformera enfin les impôts en vue de favoriser la production en général et en particulier la production agricole qu'écrase le poids des taxes directes et que

(1) Je crois ces réformes si utiles et si urgentes que je les voudrais appliquer à Paris lui-même. Créer dans chaque arrondissement un conseil élu par les électeurs domiciliés depuis cinq ans dans l'arrondissement, répartis par circonscriptions assez restreintes (deux par quartier) pour que la majorité d'entre eux connût les éligibles — astreints aussi à cinq ans de domicile dans l'arrondissement — ; prendre dans ces conseils d'arrondissement le maire et les deux adjoints choisis par l'Empereur et les membres du conseil de la ville au nombre de trois par arrondissement, élus les deux premières fois (afin de rassurer les timorés) par le Corps législatif et postérieurement par les conseils eux-mêmes,

paralysent les droits d'octroi. Elle continuera l'œuvre de l'Empire autoritaire en activant les travaux d'utilité publique et elle le complétera en supprimant toutes les taxes prohibitives et abaissant graduellement les droits protecteurs des douanes.

VII

Les vœux qu'on vient de formuler sont exaucés ou en voie de l'être. Dès le début du mouvement libéral de 1869, l'Empereur s'est placé résolûment à sa tête et il l'a dirigé. Il a accédé loyalement aux demandes formulées par la majorité des élus de la nation. Le 29 novembre 1869, à l'ouverture de la session, il appelle tous les hommes de bonne volonté à concourir à cette œuvre : « L'ordre, dit-il, j'en réponds ; aidez-» moi à sauver la liberté. »

Les hommes libéraux restés à l'écart par honnêteté et par foi politique ne commettront pas la faute de répondre à cet appel par un refus.

L'Empire s'achève et se transforme ; les institutions

serait le mode à adopter dans cette grande ville pour lui donner la vie municipale sans y exciter la fièvre politique. Les conseils d'arrondissement recevraient la mission de formuler des vœux, de nommer ou désigner suivant leur importance les employés de l'arrondissement, enfin d'entretenir toutes les choses d'intérêt municipal, comme rues, édifices, écoles qu'il appartiendrait au conseil de ville de créer, et pour pourvoir à cet entretien les conseils d'arrondissement voteraient des centimes additionnels aux contributions directes dans les limites maxima fixées par le conseil de la ville.

dont l'incomplet causait la défiance de la France et l'incertitude de l'avenir sont élargies. Elles font à la liberté la part qui lui appartient à côté de l'autorité jusqu'ici toute puissante. A la place d'un pouvoir autoritaire sans contrôle efficace s'élève un système politique dont la stabilité et la durée ne sont subordonnées ni à la capacité ni à la vie d'un seul homme. Des intelligences indépendantes, solidaires et habiles sont à l'œuvre pour le faire fonctionner et son succès sera assuré contre l'arbitraire par l'appui des chambres et contre la réaction des partis par le droit de dissolution. Un régime parlementaire égal à l'ancien par la liberté qu'il promet et la prépondérance qu'il accorde à la chambre élective, mais différent par la puissance et l'autorité effective qu'il laisse au souverain, s'établit et marche à cette heure. La France doit-elle hésiter dans son concours et les hommes libéraux retarder leur appui? Ils ne le peuvent ni le doivent. Ni le maintien de la constitution de 1852, ni le langage de l'Empereur, ni les engagements de partis n'autoriseraient leur abstention. Qu'il me soit permis d'examiner ces trois causes d'éloignement de l'Empire libéral.

La constitution de 1852, établie pour concentrer le pouvoir aux mains d'un seul, ne peut servir, aux yeux de beaucoup, de berceau à la liberté renaissante. J'en demeurerais d'accord si la liberté n'avait déjà pris possession de cette constitution démantelée, et ne s'y était installée en souveraine à côté de l'autorité qui seule dominait autrefois. Elle a rompu tous les liens, franchi tous les obstacles, et elle peut disposer aujourd'hui des armes placées dans les articles de la loi par le pouvoir autoritaire pour s'en servir à son profit, assurer son triomphe et réprimer ses ennemis. Garantie contre l'arbitraire, la liberté usera des moyens établis contre elle dans la constitution pour contenir la licence et combattre l'anarchie. Les ennemis du dehors et ceux du dedans n'ont pas désarmé, pourquoi la liberté renaissante enclouerait-elle ses canons ?

Le langage de l'Empereur est en tel accord avec sa conduite que peu de personnes se sont effrayées de l'allocution qu'il a adressée aux députés le premier janvier 1870. « Les circonstances politiques, a-t-il dit, ont augmenté les prérogatives du Corps législatif sans diminuer l'autorité que je tiens de la nation. » Ce langage, qui convient à une époque de transition, s'expliquera par les faits. Il s'adapte d'ailleurs à un état de choses qui se complète plutôt qu'il ne s'écroule, qui élargit sa base plutôt qu'il ne s'amoindrit et qui en inaugurant la statue de la liberté ne brise pas celle de l'autorité. Chrysalide à peine sortie de son enveloppe, le régime actuel a le droit de réclamer le temps de sécher ses ailes, de façonner ses organes au milieu nouveau dans lequel il doit vivre, et d'adapter sa voix, ses gestes et ses actions à ses destinées futures. Qui d'ailleurs croit opportun de désarmer le pouvoir exécutif ? Pour ma part, je le veux fort dans le temps présent, parce que ce temps est hérissé de difficultés et d'embûches. Toutes les transitions sont périlleuses et les circonstances de chaque jour établissent que celle d'aujourd'hui n'est pas exempte d'embarras. Si le trouble descend dans la rue, — et il y est descendu, — si l'ennemi menace nos frontières — et il s'agite — n'est-il pas souhaitable qu'une force puissante maintienne l'ordre à l'intérieur et la dignité à l'extérieur? Cette force est toute organisée dans les mains de l'Empereur. Quel avantage trouverait la France à s'en priver? Quel profit tirerait-elle à introniser un autre Louis XVI? Tout affaiblissement immédiat de l'autorité du prince nuirait à l'établissement du système nouveau. L'Empereur, fort des pouvoirs qu'il possède, se prêtera plus volontiers qu'un prince affaibli aux évolutions d'une révolution pacifique dont le pays et sa dynastie partageront les fruits. Nul en obtenant des concessions d'un tel homme ne sera tenté de l'accuser de mollesse, ni ne verra dans la liberté qu'il présente l'avant-coureur de l'anarchie. Elle apparaîtra à tous au contraire comme un gage de stabilité et d'ordre. Ce caractère lui est si bien reconnu aujourd'hui que les capitalistes — les plus timorés des hommes — ont salué sa venue par une hausse d'un pour cent sur les fonds publics.

Les sérieux obstacles qui écartaient les partis libéraux de l'Empire sont donc enlevés. La France convie les hommes de liberté et de courage à rentrer dans la vie active.

Il est de leur devoir de ne différer ni de marchander leur concours. Si quelques-uns parmi eux arrêtés, par des affections anciennes ou des scrupules honorables, hésitaient encore, je leur dirais : Écoutez la voix de la France, entendez la presque unanimité de la presse, regardez les agitations de la rue, prêtez l'oreille au bruit de l'extérieur et décidez-vous. Décidez-vous à cause des besoins de l'heure présente ; décidez-vous à cause des nécessités de l'avenir assombri qui s'avance. Décidez-vous enfin à cause des volontés de la patrie qui vient de parler *sans préoccupation ni sans contrainte.*

Si l'ennemi en armes approchait de nos frontières vous marcheriez sans hésiter. Vous ne déserteriez ni vos devoirs de citoyens ni les prescriptions de votre conscience, parce qu'à la tête des armées ne se trouverait pas un prince de la race de votre choix. La patrie ne vous impose-t-elle pas les mêmes obligations contre les ennemis de l'intérieur ? Ne vous appelle-t-elle pas à la défendre contre les troubles de la rue et contre les doctrines subversives comme elle vous appelle à la protéger contre les armées étrangères ? Lui refuserez-vous votre concours en un temps où ces obligations sont plus impérieuses parce que les doctrines sont plus dangereuses et les troubles plus menaçants ?

L'industrie française est en voie de perdition par les agitations que suscitent les intrigues anglaises dont nos travailleurs n'ont encore deviné ni le jeu ni les calculs. Accepterez-vous la lourde responsabilité de la laisser périr en refusant d'éclairer les ouvriers français ?

De Rome il ne viendra, j'en suis convaincu, que des

résolutions sages et en harmonie avec notre civilisation ; néanmoins on a professé dans cette ville des doctrines si surprenantes et en tel désaccord avec nos principes sociaux que la prudence conseille de veiller. Refuserez-vous de secouer votre somnolence pour défendre les bases de notre droit public ?

A Bâle, en proclamant l'urgence de la liquidation sociale, en votant l'abolition de la propriété et le maintien de l'hérédité, on a formulé des propositions renouvelées du moyen âge où la sauvagerie le dispute à l'illogisme mais dont les conséquences ne laissent place à aucun doute. La première de ces conséquences nous ramènerait à la condition de ces *serfs de corps et de poursuite*, qui ne possédaient ni meubles ni immeubles, mais dont les fils pouvaient par tolérance, au décès de leurs pères, enlever certains objets mobiliers du défunt. Ne frapperez-vous pas de votre réprobation la plus accentuée de si tristes théories ?

Ailleurs, tout en admettant la propriété individuelle, on abolit l'hérédité. Les docteurs de cette autre secte réduiraient le monde, si le monde se laissait aveugler, au sort de ces mainmortables de la Bourgogne, du Nivernais et de la Comté dont Voltaire a plaidé la cause contre les moines de Saint-Claude.

Si ces folies triomphaient, on verrait les nations de l'Occident tomber au rang des peuplades mahométanes les plus abaissées. Après quelques générations nos descendants arriveraient au niveau de ces tribus algériennes où le caïd, aidé de la *djemmâ*, répartit tous les cinq ans les terres arables entre les *fellahs* qui se hâtent à leur tour de s'en décharger sur les malheureux *khammas.* Votre indignation restera-t-elle muette et passive devant ces idées surannées qu'on nous donne pour neuves et dont l'émission atteste chez leurs auteurs autant d'ignorance historique que d'erreur de jugement?

Devant ces doctrines affligeantes et leurs conséquences monstrueuses l'abstention est un crime quand l'honneur ne la commande plus (1). Que les amis de la liberté sortent donc dé leur isolement, qu'à l'appel du chef du pouvoir qui arbore sincèrement le drapeau parlementaire, ils mettent leurs forces et leurs courages au service du système nouveau, qu'enfin ils répondent à la voix du souverain en disant : Nous voulons la liberté avec l'Empereur, et tant que l'Empereur et la liberté seront unis, nous donnerons une loyale adhésion à l'Empire libéral.

(1) J'ai négligé à dessein, malgré son importance, une dernière cause d'oubli du passé et de ralliement à l'Empire libéral : c'est l'acte récent de la clémence impériale. L'amnistie du 14 août 1869 n'est-elle pas présente à tous les esprits? Elle a exonéré 92,411 condamnés ou prévenus suivant l'état statistique dressé par M. Duvergier. Le rapport qui le précède fut le testament ministériel de cet éminent garde des sceaux. Il a été le couronnement légitime et comme naturel de sa longue et laborieuse existence, toute étincelante d'honorabilité, de bienveillance et de bonté.

Paris, 16 février 1870.

Imprimerie L. Toinon et Cie, à Saint-Germain.